AF370187

PANÉGYRIQUE

DU

B. PIERRE FOURIER

PRONONCÉ DANS L'ÉGLISE PAROISSIALE DE MATTAINCOURT

le 7 juillet 1879

PAR

LE RÉVÉREND PÈRE DOM J.-B. VUILLEMIN

DES CHANOINES RÉGULIERS DE LATRAN

BESANÇON

IMPRIMERIE ET LITHOGRAPHIE DE J. JACQUIN

Grande-Rue, 14, à la Vieille-Intendance

1879

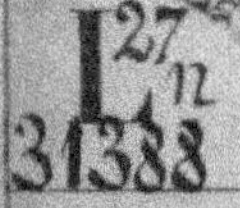

PANÉGYRIQUE

DU

B. PIERRE FOURIER

PRONONCÉ DANS L'ÉGLISE PAROISSIALE DE MATTAINCOURT

le 7 juillet 1879

PAR

LE RÉVÉREND PÈRE DOM J.-B. VUILLEMIN

DES CHANOINES RÉGULIERS DE LATRAN

BESANÇON

IMPRIMERIE ET LITHOGRAPHIE DE J. JACQUIN

Grande-Rue, 14, à la Vieille-Intendance

—

1879

PANÉGYRIQUE

DU

BIENHEUREUX PIERRE FOURIER

Dedit Deus ei latitudinem cordis quasi arenam quæ est in littore maris.

Dieu lui a donné un grand cœur, vaste comme les sables qui s'étendent au loin sur les rivages de la mer. (*III. Reg.*, iv, 29.)

MES FRÈRES,

Autrefois, un grand docteur de l'Eglise, admirateur passionné de l'Apôtre des nations, s'écriait dans les élans de son amour : « Et maintenant, qui me donnera d'embrasser les restes sacrés de Paul?.... Oh ! que je voudrais voir surtout la poussière de ce cœur qu'on pourrait appeler le cœur de tout l'univers, la source d'innombrables biens, le principe et l'élément de notre vie, d'où l'esprit qui les anime se répand sur tous les membres de Jésus-Christ.... Cœur fait hostie, cœur plus élevé que le ciel, plus vaste que la terre, plus lumineux que le jour, plus brûlant que le feu, plus fort que le diamant, d'où s'épanchaient des fleuves.... Cœur qui a aimé Jésus-Christ comme personne ne l'a aimé et qui pouvait dire : Je vis; mais non, ce n'est pas moi qui vis, c'est Jésus-Christ qui vit en moi. Oui, le cœur de Paul était le cœur de Jésus-Christ, l'autel du Saint-Esprit, le livre de la grâce. » Voilà le cri d'enthousiasme, le cri d'amour de saint Jean Chrysostome ! voilà son désir ! vénérer la poussière du cœur de saint Paul, l'Apôtre des nations. Ne pourrions-nous pas en ce moment formuler le même désir, nous tous, les enfants, les frères ou les serviteurs du bienheureux Pierre Fourier, à l'égard de son cœur? Cette précieuse relique n'est point dans cette enceinte : elle repose en Franche-Comté, dans la ville hospitalière. Toutefois l'âme de ce cœur plane encore parmi nous, et la flamme qui l'anima ne parut-elle pas reprendre au moment de sa mort, sous la figure d'un globe de feu, le chemin de la patrie? N'ayant pas la consolation d'en vénérer la poussière, nous avons du moins celle d'en sonder les secrets et d'en admirer les magnificences. Envisager la vie du bienheureux sous cette forme sera sans doute permis à un fils de la Comté catholique qui, pendant quinze ans, à l'ombre de ce cœur vénéré, a eu l'honneur et la joie de se dévouer à son œuvre de prédilection. Au reste, le cœur n'est-il pas la source de la vie physique et morale de l'homme? Et n'est-ce pas le cœur que Dieu regarde principalement? Contemplons, nous aussi, avec un amour respectueux et filial, ce noble cœur où l'Esprit-Saint versa ses trésors, que Jésus-Christ abreuva de son sang, où palpitèrent les plus généreux sentiments, d'où sortirent les plus belles entreprises et les plus touchants prodiges de la charité; source bénie d'où jaillirent les douces larmes de l'amour divin et les larmes plus amères de la compassion, autel sans tache où furent offerts les plus sublimes holocaustes. Je voudrais connaître et vous révéler ce cœur comme le docteur de Constantinople connaissait et chantait celui de Paul. Oui, je voudrais en mesurer l'étendue, en sonder la profondeur, en étudier toutes les fibres, en compter toutes les pulsations pour Dieu et pour les âmes, et alors vous reconnaîtriez toute la vérité des paroles de mon texte : « Dieu lui a donné un grand cœur, vaste comme les sables qui s'étendent au loin sur le rivage des mers. » O bon Père, je sais que cette tâche est difficile, impossible même à ma faiblesse; mais vous ne me refuserez pas votre secours, puisque je ne veux révéler que ce que vousmême avez montré avec tant d'éclat pendant toute votre vie, sans autre ambition que la vôtre : la gloire de Dieu et le salut des âmes. O cœur du bon Père, votre mission n'est point terminée parmi nous; soyez encore aujourd'hui notre apôtre, et, par la manifestation de votre charité, continuez d'annoncer la bonne nouvelle à nos âmes attentives.

La vie du bon Père semble admettre trois époques bien distinctes : la préparation, l'apostolat et la passion. Fourier prépare son cœur en le préservant du mal et en l'ornant des vertus au sein de la famille, à l'Université, dans la vie religieuse. Ainsi préparé, il se dévoue de longues années au ministère des âmes, comme pasteur, fondateur et réformateur. Enfin, la souffrance vient couronner ses travaux et sa longue existence. En d'autres termes, amour vigilant, amour agissant, amour souffrant, tel m'est apparu, et tel je voudrais présenter à vos hommages le cœur du bienheureux Pierre Fourier, sous la sauvegarde de sa bonté paternelle et de votre bienveillante attention.

I.

Fourier naquit en Lorraine, à Mirecourt, dans la seconde moitié du XVIe siècle, de parents chrétiens et d'un rang ordinaire, mais anoblis plus tard par Charles III. C'était, pour ainsi dire, au lendemain de la clôture du grand concile de Trente, dirigé surtout contre le protestantisme. Cet astre nouveau montait au firmament de l'Eglise pour y briller en même temps qu'une magnifique constellation de saints dont les plus célèbres sont saint François de Sales, sainte Jeanne de Chantal et saint Vincent de Paul.

Le cœur du jeune enfant se montra fidèle à la loi qui lui fut tracée au saint baptême : *Diliges* : Vous aimerez. Vous aimerez Dieu et le prochain ; de là ses deux devises familières, qui traduisent toutes ses affections et résument son existence tout entière : *Habemus bonum Dominum et bonam Dominam* : Nous avons un bon Maître et une bonne Souveraine, c'est l'amour de Jésus et de Marie ; *Omnibus prodesse, obesse nemini* : Etre utile à tous et ne nuire à personne, c'est l'amour du prochain. Dieu n'a pas besoin de lui réclamer son cœur. Baigné dans la pure atmosphère d'une famille profondément chrétienne et soulevé par les saintes énergies du baptême, son cœur, dès l'aurore de son existence, monte naturellement à Dieu comme à son centre, pour n'en redescendre jamais. Magnifiques débuts d'une carrière de soixante-seize ans, dans laquelle Fourier ne cesse d'avancer ; vrai chemin du juste, où la lumière paraît, se dilate et grandit jusqu'au jour parfait. Le Ciel s'incline avec amour vers le cœur de cet enfant, transformé, par la fidèle correspondance à la grâce, en un merveilleux parterre de vertus dont il se plaît à respirer les parfums naissants. C'est une pureté angélique, devançant l'aurore de la raison et faisant déjà pressentir une haute sainteté ; c'est une ferveur céleste dans ses prières, une obéissance exacte, affectueuse et constante à l'égard de ses parents ; c'est l'amour du travail et du devoir, une vive horreur pour les moindres petites disputes, une mansuétude inaltérable à l'égard de ses condisciples ; c'est l'amour et même la défense de ses ennemis. Comme les rois sont rois dès le berceau, nous dit son premier historien, il est saint jusque dans les amusements propres à son âge. En un mot, c'est déjà le chrétien parfait que les mères émerveillées proposent à l'imitation de leurs enfants. Que dis-je ? c'est déjà le prêtre et l'apôtre. Voyez-le préluder gravement aux fonctions ecclésiastiques, entendez ses petites prédications où il puise dans son cœur des accents d'une naïve éloquence qui ravissent ses auditeurs et leur font dire comme autrefois de saint Jean-Baptiste : Que pensez-vous que sera cet enfant ? *Quis putas puer iste erit ?* A quinze ans, son père l'envoie à la célèbre université de Pont-à-Mousson. Ne craignez pas pour sa vertu, malgré les dangers auxquels vont l'exposer et l'éloignement du foyer domestique, et les charmes de sa personne, et les facilités de la vie d'étudiant exploitées par la ruse du démon, et la perversité du monde. Vos alarmes sont prévenues par la sollicitude du père et les résolutions du fils. Dominique Fourier, le père de notre héros, ce Tobie incorruptible, comme l'appelle le P. Bédel, qui aurait plutôt souffert une couleuvre dans son sein qu'un péché dans sa famille, lui adresse les recommandations les plus empressées. Devançant les conseils paternels, notre jeune héros s'est promis à lui-même de mourir plutôt que de se souiller. Bien loin de se relâcher de sa piété naissante, il a placé dans son cœur des degrés d'ascension ; il va, non, il vole de vertu en vertu. Il marche avec une précaution plus grande encore sous les yeux de son père céleste et sous le regard maternel de Marie, à laquelle il s'est consacré ; il se livre plus assidûment à l'exercice de la prière, fuit avec le plus grand soin les écoliers pervers, pratique déjà des mortifications très rudes, comme de ne manger qu'une fois le jour et de coucher sur le sol nu. Son séjour à l'université peut se résumer dans cet éloge de ses maîtres dont il est l'orgueil, et de ses condisciples dont il est le modèle : *Aut orat, aut studet* : Ou il prie, ou il étudie.

Après de brillantes études, Fourier rentre au foyer domestique, et, cédant à son attrait pour l'éducation, il ouvre une école où se rendent avec empressement plusieurs gentilshommes lorrains que leurs parents, informés de sa réputation naissante, confient à sa science et à sa vertu. Il fait ainsi l'apprentissage des fonctions dont il doit plus tard tracer lui-même les règles à toute une société, et il commence à faire briller les éminentes qualités que nous verrons bientôt s'épanouir sur un plus vaste théâtre.

Cependant Fourier cherchait sa voie. Il savait bien que si le cœur de l'homme dispose sa route, c'est à Dieu qu'il appartient de diriger ses pas. (*Prov.*, xvi, 9.) Il se sent attiré à la vie religieuse. Un rayon de la grâce d'en haut tombé sur son cœur lui indique la règle spirituelle de saint Augustin. Au grand étonnement de tous, il entre comme novice dans la communauté des chanoines réguliers de Chaumouzey, déchue, hélas ! de sa ferveur primitive. Avant de commencer sa vie apostolique, il se retire dans la solitude du cloître comme son Maître dans le désert. Et, comme son Maître, il y subira la tentation, non de la part du démon, mais de la part même de ceux qui devaient être ses modèles et ses appuis. Cette apparition soudaine et majestueuse de la sainteté au milieu d'eux accuse hautement leur vie relâchée et provoque leur vengeance. Mais Dieu a ses desseins, il éprouve le cœur de son serviteur comme on éprouve l'or et l'argent à un feu ardent. Fourier sort victorieux de cette épreuve, car, au lieu de voir la haine de ses frères dans la croix qui lui est présentée, il n'y voit que l'amour de son Dieu. Prenez donc la croix, grand saint, c'est sur elle que Jésus-Christ est mort, c'est par elle qu'il a racheté l'univers. Lui-même vient vous l'offrir, acceptez-la donc de ses mains et pour toujours. Votre passion commence, ce n'est que plus tard que vous monterez au Calvaire.

Après sa profession, Fourier reçoit l'onction sacerdotale et retourne à Pont-à-Mousson, où il étudie la théologie avec des succès merveilleux que lui seul semble ignorer. Il est prêt. Nous avons sous les yeux le religieux et le prêtre parfait, orné de la science et de la sainteté. Quel type incomparable! Depuis dix ans, les vœux de religion sont la parure de son âme, parure dont une longue et cruelle épreuve a démontré la beauté et la solidité. Depuis huit ans, le caractère sacerdotal en est l'ornement, et l'on peut juger de la dignité avec laquelle il le porte par cette réponse donnée à une mère qui l'interrogeait sur la vocation de son fils au sacerdoce : « Savez-vous, Madame, ce que c'est qu'un prêtre? Si l'on plonge une paille dans un vase rempli d'eau et qu'on l'en retire, il se forme aussitôt à l'extrémité une goutte transparente et limpide : voilà ce que doit être la conscience du prêtre quand il célèbre les saints mystères. » Sa science égale sa vertu, et ses condisciples se posent cette question : Est-il plus saint, est-il plus savant? Et ils affirment que si la *Somme théologique* de saint Thomas venait à se perdre, il pourrait la suppléer. Le vase de son cœur est donc rempli, le voilà prêt à déborder : ô Seigneur! donnez-lui des âmes pour qu'il épanche sur elles les torrents de son amour. Appelé à choisir entre trois bénéfices, il préfère le plus pauvre et le plus misérable pour s'y dévouer tout entier : c'est Mattaincourt. Nous allons le suivre sur ce nouveau théâtre, où son cœur, disposé par trente-deux ans de préparation, va faire briller toute la splendeur de son apostolat et déployer toute la magnificence de ses vertus.

II.

Qu'il est beau, qu'il est grand, le moment où le prêtre reçoit dans ses mains le sceptre des âmes, quand il peut, quand il doit se dire à lui-même : Je suis le ministre, le suppléant de Jésus-Christ sur la terre. Ce qu'il a fait pour toutes les âmes, je dois le faire pour celles qu'il m'a destinées. « Le sacerdoce, c'est l'amour du Cœur de Jésus. (M. le curé d'Ars.) » Eh bien! ces trésors inénarrables qu'il renferme, c'est moi qui en suis le dépositaire, je dois les faire passer dans mon cœur pour les distribuer ensuite au peuple qu'il me confie. Levez-vous donc, ô bon Père, levez-vous et venez; Mattaincourt vous attend; l'abîme des misères attend l'abîme de votre charité. Mattaincourt, si justement nommé la petite Genève, est dévoré par l'ignorance, l'athéisme, l'hérésie et le libertinage. Venez rendre à ces âmes le Christ Jésus; venez consoler l'ange du sanctuaire qui pleure sa solitude et son abandon. Et vous, infortunés, je me trompe, trop heureux habitants, accourez pour voir votre nouveau pasteur et assister à son premier discours. Entendez, en particulier, ces brûlantes paroles : « Mes enfants, Dieu se donne aux hommes sous les espèces sacramentelles sans chercher d'autre intérêt que le bien et le salut de ceux qui le reçoivent : ainsi je me donne à vous en ce jour, non pour l'honneur, non pour les richesses, mais pour le bien de vos âmes que je veux sauver quand je devrais perdre et mon sang et ma vie. » Son sermon est tellement pathétique, qu'au bout de quarante ans on s'en souvient comme d'hier. Mais personne ne s'en souviendra comme Fourier pour le réaliser dans sa conduite. Brûlant d'amour pour Dieu et pour le prochain, il se met à l'œuvre avec un courage et une persévérance qui ne se démentent jamais. Il paraît devant son peuple comme un évangile vivant, où la malignité ne peut relever le moindre défaut, la plus petite contradiction. Il se donne tout entier à ses paroissiens. Quand il n'est pas auprès d'eux pour les instruire, les consoler, les secourir, il plaide leur cause devant Dieu par ses mortifications, ses prières et ses larmes. Que de pieuses industries sa charité n'invente-t-elle pas pour porter la lumière dans ces esprits si peu éclairés, pour toucher ces cœurs endurcis ! Quelle sollicitude de tous les instants ! Il ménage le temps comme un baume précieux, dont il ne faut pas, dit-il, perdre une seule gouttelette à escient, c'est-à-dire volontairement. Attentif au bien des âmes, Fourier l'est encore à celui des corps : il secourt ses chers paroissiens dans leurs nécessités, les conseille dans leurs embarras, apaise leurs discordes, défend leurs droits avec plus d'énergie que s'ils étaient les siens, fonde des institutions pour sauvegarder leurs intérêts, comme la bourse de saint Epvre et une association pour la diminution des procès. En un mot, il se fait tout à tous, comme saint Paul, pour les gagner tous à Jésus-Christ : *Omnibus omnia factus sum ut omnes facerem salvos.* Il a promis de se donner, de se dépenser, il se donne et se dépense tout entier : *Impendam et superimpendar ipse pro animabus vestris.*

Tant de bonté, tant de douceur, gagnent à Dieu tous les cœurs. Unanimement on donne à Fourier le titre de bon Père de Mattaincourt, sublime appellation décernée par la reconnaissance populaire et religieusement maintenue par la postérité. La petite Genève est maintenant un véritable monastère où les étrangers accourent pour s'édifier au spectacle de tant de vertus.

Quelques âmes cependant s'obstinent à résister à son cœur. Fourier les appelle sa bande perdue et les traite toujours avec la plus grande douceur, mais en même temps avec le zèle le plus dévoué. Quelquefois, sous l'étreinte de sa responsabilité de pasteur ou de son amour passionné des âmes, il court à ces pécheurs, se jette à leurs pieds, les arrose de ses larmes, les conjure de revenir à Dieu, et, par de vivantes peintures de l'enfer ou du ciel, les presse de se rendre à ses désirs. Est-il impuissant ? il vole à l'église, court jusqu'au tabernacle, raconte sa peine au divin Pasteur, et s'écrie : Grand Dieu ! ou effacez-moi du livre des vivants, ou remédiez à ce désastre ; je veux être anathème pour mon enfant ; c'est à vous de manier les cœurs ; vous êtes son premier curé, je ne suis que votre dernier vicaire, faites ce qui m'est impossible. On l'a même vu quelquefois ouvrir le tabernacle d'une main fébrile, saisir le saint Sacrement, le porter à la maison de l'obstiné, et d'une voix que l'amour faisait éclater comme un tonnerre, le terrasser devant son Dieu.

Outre les pécheurs, il est des âmes qui, à d'autres titres, ont une place spéciale dans son cœur. Ce sont les pauvres et les enfants. Les pauvres, il les appelle les courtisans du bon Dieu, la noblesse de son royaume, les privilégiés du ciel. Il les supplie de lui demander tout ce dont ils ont besoin. « Mes biens, leur dit-il, ne sont-ils pas les vôtres? » Lui-même prend soin de les augmenter par la frugalité qu'il appelle une banque de bon rapport; il y puise largement, donne à ceux qui demandent, prévient les timides, ne sépare jamais la délicatesse de la générosité, donne tout, et quand il n'y a plus rien, dit le Père Lacordaire, il y a encore Fourier, c'est-à-dire son grand cœur, savant à adoucir les souffrances, ingénieux à multiplier les ressources et puissant pour les faire multiplier par Dieu.

Et vous, enfants bien-aimés, n'êtes-vous pas, entre tous, les amis, les privilégiés de son cœur, image si parfaite du cœur de Jésus? Avec quel bonheur il emploie devant vos parents la gracieuse éloquence de vos discours pour les toucher et les convertir, et devant le Père céleste l'éloquence de vos prières et de votre pureté pour le fléchir et en obtenir des faveurs! Petits apôtres, vous devinez bien la tendresse du bon Père. Que j'aime à vous voir accourir vers lui, l'entourer avec un amour reconnaissant, le suivre partout, jusqu'au chœur de l'église, et, groupés les uns à sa droite, les autres à sa gauche, pendant qu'il récite son office, bégayer avec lui les louanges de Dieu ! Quel doux spectacle pour la terre ! Quel spectacle plus suave pour les cieux ! On veut vous éloigner de lui, mais ne craignez rien : son cœur de père le pourrait-il permettre ? Oh ! non, entendez-le répéter la parole du divin Maître : « Laissez venir à moi les petits enfants et ne les empêchez pas, car le royaume des cieux appartient à ceux qui leur ressemblent. » A la vue de ces innocentes créatures, qui perdront bientôt peut-être le précieux trésor de la pureté, son cœur s'émeut de compassion. Il veut leur assurer le bienfait d'une éducation chrétienne. C'est alors qu'il songe à la fondation de la congrégation de Notre-Dame, œuvre capitale de sa vie, qui ne cessera de l'occuper pendant quarante ans, jusqu'à son dernier soupir. Quelques jeunes personnes se présentent à lui, ce sont les envoyées de la Providence; dans leurs âmes il fait passer sa grande âme. A son berceau, comme toutes les œuvres de Dieu, la petite congrégation reçoit le baptême de la souffrance, elle grandit à l'ombre et sous les bras de la croix : c'est l'infaillible moyen de multiplication. Satan suscite contre elle des difficultés, le monde la tracasse et la calomnie, l'évêque la bénit, le souverain pontife l'approuve, la bénédiction du ciel la féconde ; la Lorraine, la France, l'Allemagne, en réclament les bénéfices. Que de voyages entrepris pour sa chère congrégation, que de lettres écrites, que de souffrances endurées, les beaux petits traités composés pour ses religieuses !

Le Bienheureux a tressé une couronne à Marie par la fondation de la congrégation de Notre-Dame; il en tressera une à Jésus par la réforme de la congrégation de Notre-Sauveur. Mais que de difficultés dans cette œuvre entreprise sur les instances de l'évêque de Toul! Fourier presse ces religieux attiédis dont le courage hésite ou recule, il en gagne un certain nombre, et, au bout de trois mois, le réformateur loue Dieu et conçoit de grandes espérances en voyant une si belle union et tant de vertus. Si une première fois son humilité est assez ingénieuse pour écarter les fonctions de général, après la mort du Père Guinet il ne peut décliner cet honneur, malgré ses prières, ses angoisses et ses larmes.

Les soins donnés à ses trois familles spirituelles n'empêchent pas Fourier d'accourir partout où l'appelle la voix de son évêque. Une fois entre autres, il est chargé de donner une mission dans une contrée souillée par l'hérésie. On y a déjà travaillé pendant trente ans sans rien obtenir. L'homme de Dieu paraît, et au bout de six mois tout est transformé au point que le temple protestant est consacré à Marie. Qu'a donc fait le bon Père ? Aux catholiques il a donné sa parole; aux savants, sa science; aux protestants, son exemple, ses prières et ses larmes; aux insulteurs, sa patience; à tous, sa grande âme. Un jour, voyant les hérétiques sortir du prêche en grand nombre, il s'arrête brusquement et éclate en sanglots. On s'approche, on s'empresse, on lui demande s'il n'est pas malade ou s'il lui manque quelque chose. « Je pleure, dit le bon Père, après avoir remercié son interlocuteur, je pleure en voyant ces pauvres étrangers si malheureusement trompés et des bourgeois de notre ville qui cherchent l'enfer avec tant de soin. » Ce zèle et ces succès vous feront comprendre cette belle parole de l'évêque de Toul : « Je souhaiterais seulement d'avoir cinq prêtres semblables à celui-là, un à chaque coin de mon diocèse et l'autre au milieu. »

C'est ainsi que Fourier déployait les immenses trésors de son cœur pour la gloire de Dieu et le salut des âmes. Une auréole manquait à son front, l'auréole des douleurs. Oh ! sans doute il a souffert toute sa vie, comme le divin Maître; mais, comme Jésus, il embrassera plus intimement la croix à la fin de son existence, et après les travaux de l'apostolat il devra, lui aussi, endurer sa passion.

III.

Nous touchons à une époque importante de l'histoire et désastreuse pour la Lorraine, à l'époque de la guerre de Trente ans. Fourier va se trouver mêlé aux événements d'une manière d'autant plus intime qu'il est devenu, grâce à l'ascendant de sa vertu et de ses mérites, le conseiller et l'ami des princes de Lorraine. Le noble prêtre, se souvenant des larmes de Notre-Seigneur sur l'ingrate Jérusalem, avait appris de lui à aimer sa patrie, il l'aimait sincèrement et vivement, et il n'eut que trop sujet de pleurer sur ses malheurs. Dans son désir d'abaisser la maison d'Autriche, Richelieu s'était allié aux protestants de l'Allemagne, du Danemark et de la Suède. Placée entre les deux puissances rivales, la Lorraine devait garder la neutralité sous peine de tomber entre les mains de l'un ou l'autre des belligérants. C'était le conseil de prudence donné par Fourier au duc Charles IV, qui l'avait consulté. Mais le prince, d'un caractère bouillant et emporté, préféra les hasards de la guerre et se prononça pour l'Autriche. Le rusé ministre n'attendait que cette démarche imprudente. Il se jette sur la Lorraine, bat Charles IV, lui fait signer des traités perfides et le retient dans une demi-captivité. Pour sauver sa patrie, Fourier conseille à Charles IV d'abdiquer en faveur du cardinal, son frère. Richelieu convoitait la Lorraine, il prétendit que leur cousine, la princesse Claude, était l'héritière légitime, et il chercha à l'unir à un prince français qui deviendrait par là le souverain naturel du duché. Le cardinal, qui n'était pas dans les ordres, en épousant sa cousine écartait ce danger ; mais le recours à Rome pour les dispenses était impossible. Fourier, consulté de nouveau, opina pour la légitimité de cette union, et pendant qu'un courrier prenait le chemin de la ville éternelle pour reporter le chapeau de cardinal, un chanoine régulier bénissait le mariage à Lunéville. C'en était trop. Richelieu devina bien quel était le véritable ennemi. Incapable de pardonner, il dirigea contre lui toutes ses colères. Fourier n'avait déjà pas assez de larmes pour les malheurs de sa patrie. Le duché de Lorraine, autrefois si riche et si paisible, avait été occupé tout à coup et traversé en tous sens par les Allemands et les Espagnols, par les Français et les Suédois ; les Suédois, plus barbares que les barbares, et dont on ne peut redire toutes les cruautés et tous les sacrilèges. La guerre traîne à sa suite son cortège habituel de misères, le pillage, l'incendie, la peste, la famine, et dès lors une effrayante mortalité. Au témoignage des historiens, il n'y eut jamais pareille désolation, sinon peut-être au siège de Jérusalem dirigé par Titus. Que fait alors le bon Père ? Il fait ce qu'il a toujours fait. Avec plus d'ardeur que jamais, il prie, il pleure, il pratique et prêche la pénitence, puis, émule de saint Vincent de Paul, le grand hospitalier de la Lorraine, il secourt les nécessiteux, assiste les malades, console les affligés, donne tout ce qu'il a et se fait mendiant pour les mendiants. Quand il a épuisé ses ressources et celles de ses pieux enfants, il ne pense plus qu'à mourir avec ses chers paroissiens que les fléaux n'ont pas encore frappés. Mais, vain espoir ! cette triste consolation lui est refusée. A tous ces maux vient s'ajouter pour lui la persécution. Traqué de maison en maison, il n'échappe qu'à la faveur de la fuite et du déguisement ; bientôt il se voit réduit à choisir entre l'exil et la captivité. Les prières, les larmes,

les ordres de ses enfants, le déterminent à prendre le chemin de l'exil.
Il est obligé de dire adieu à tout ce qu'il a aimé et aime encore plus
que jamais : à ses chers paroissiens, à sa double famille spirituelle, à sa
patrie dévastée. Poursuivi de ville en ville comme un malfaiteur, dans
son propre pays, sans pain ni abri, le cœur navré par les fléaux qui
pèsent sur ses enfants bien-aimés, brûlant de voler à leur secours, impuissant à le faire, il prend le chemin de la Franche-Comté, le 10 mai
1636, accompagné d'un petit domestique, du Père Terrel et de douze
religieuses de Notre-Dame.

Noble Comté, accueille l'illustre fugitif sur ton sol hospitalier, et
vous, anges de la province, accourez à sa rencontre et accompagnez
tous ses pas. A Vesoul, vous le dérobez à une compagnie de Suédois
lancés à sa poursuite ; à Dampierre-sur-Salon et à Pesmes, vous rendez
sa parole féconde en fruits de salut. Notre-Dame de Gray, il en est temps,
ouvrez à votre favori la ville où vous régnez en souveraine. Ouvrez,
c'est la gloire de la Lorraine et l'honneur de la cité. Ouvrez ; comme
Gerson exilé et mourant, l'homme de Dieu paiera l'hospitalité des vieux
jours en instruisant les tout petits enfants, tandis que ses filles tien-
dront une école ; il accroîtra dans les âmes votre amour et celui de
votre Fils ; il secourra dans leur infortune ceux qui le secourent aujour-
d'hui et il bénira leurs descendants. Entrez, auguste vieillard ; Marie
vous a ouvert les cœurs, les magistrats vous désirent et vous appellent.
Allez choisir votre petite cellule. Après plus de deux siècles, vos filles
bien-aimées viendront chercher la poussière de vos pas et adosser leur
demeure à cette tour glorifiée par votre exil et vos souffrances, et la
divine Victime du Calvaire sera immolée dans ce même réduit où vous
allez consommer votre sacrifice.

Tous les secours que lui envoient ses maisons de France sont inter-
ceptés, mais, en revanche, les lugubres nouvelles ne le sont pas. A
Gray, il apprend que son cher Mattaincourt « a été tout pillé et repillé,
tourmenté, défiguré pour les personnes, les biens, les bâtiments. » Il
n'y a plus un grain de blé, les gens y meurent de la peste, de la famine, des mauvais traitements. Le prêche se fait dans l'église. Quelle
douleur pour son cœur de père et d'apôtre ! Quel renversement de
ses travaux pendant quarante ans ! Les maisons de ses religieuses ou de
ses religieux sont ou dépourvues de tout ou forcément abandonnées, ses
enfants errent à l'aventure, ou retournent chez leurs parents, ou s'en
vont en exil. Parlant des lettres de Lorraine, il s'écrie : « Il n'y en avait
pas une dans la troupe qui ne nous apportât quelque sorte de fâ-
cheuses nouvelles et rien pour tout qui pût nous consoler. » Mais vai-
nement les afflictions l'accablent, il sait leur être supérieur, elles ne
font que le grandir, comme on voit sur les mers les navires portés vers
le ciel par les flots en courroux. Du lieu de son exil, l'illustre affligé
console ses enfants par des lettres nombreuses qui révèlent une haute

et admirable sérénité. Ce n'est pas tout encore. Le calice des douleurs n'est pas épuisé. Les bienfaits reçus de Charles IV n'empêchent pas Fourier de remplir un devoir à son égard. Le duc voudrait répudier la princesse Nicolle pour épouser Béatrix de Cusance. Que des théologiens complaisants déclarent nul le premier mariage, pour lui il prononce énergiquement le *Non licet*, que ratifie la cour de Rome. Cependant la peste et la famine, franchissant les frontières de la Lorraine, menacent la Franche-Comté. La peste sévit cruellement à Gray. Fourier encourage, console, relève, vole auprès des malades. « Ne vaut-il pas mieux, dit-il aux dames, mourir en faisant son devoir que vivre en lâches en le trahissant ? » Il fait prendre les précautions ordinaires, recommande instamment la prière et la pénitence, porte en procession le saint Sacrement dans les rues, et bientôt le fléau diminue et disparaît. La guerre succède à la famine, mais ce nouvel ennemi est congédié de la même façon, et toujours sous l'inspiration de Fourier. Et maintenant, Fourier est devant un autre ennemi qui vient le visiter, si j'ai le droit d'appeler ainsi la mort, surtout par rapport aux saints. A la pensée des jugements de Dieu, il tremble, lui qui pendant soixante-quinze ans n'a cessé d'être utile à tous et de ne nuire à personne, qui a aimé son Maître de tout son cœur et souffert avec une patience angélique ; il tremble, mais il recourt avec confiance à Jésus et à Marie, reçoit avec une humilité touchante le saint Viatique, entre dans une immense extase, à la sortie de laquelle on l'entend jeter ces accents : « Que vous rendre, ô mon Dieu, pour tant de faveurs? Ne faut-il, pour vous plaire, que prendre en main le calice de ma mort? De bon cœur, mon Dieu, de bon cœur, pourvu que ce soit avec votre grâce. » Il se fait relire le récit de la mort de saint Augustin et veut mourir comme son père spirituel. Il exhale son âme avec ces paroles qu'il a tant de fois répétées pendant sa vie mortelle : *Habemus bonum Dominum et bonam Dominam :* Nous avons un bon Maître et une bonne Souveraine. Comme héritage, il laisse à ses filles les constitutions qu'il vient d'achever et à ses fils d'admirables avis spirituels. Au moment de sa mort, on vit s'élever, au-dessus de la maison qui l'abritait, un globe de feu qui plana quelque temps dans les airs et se dirigea vers la Lorraine. Avant de monter au Ciel, Fourier voulait dire adieu à sa patrie, pour laquelle il mourait en exil. Les habitants de Gray avaient compris cette âme : vous savez leur douleur, leur empressement, leurs démarches pour garder la précieuse dépouille du bienheureux. Enfin le corps vint reposer à Mattaincourt, dans sa paroisse tant aimée, auprès de la première maison de Notre-Dame, et le cœur demeura comme la récompense de l'hospitalité aux jours de l'infortune.

En laissant son cœur à Gray, le bienheureux Père, d'une part, n'enlevait aux habitants de la Lorraine, et en particulier de Mattaincourt, ni son affection ni la certitude de son affection : il le savait bien, et tous ses chers compatriotes le savaient bien aussi : le prodige qui eut lieu à sa mort ne fut que l'expression authentique de cette pensée. D'autre part, il donnait aux habitants de la cité hospitalière un témoignage indubitable de son affectueuse reconnaissance. Il l'a laissé ici en quittant sa patrie de la terre, il l'a laissé à Gray en regagnant sa patrie des cieux. La Lorraine et la Franche-Comté, Mattaincourt et Gray, sont unis dans son cœur.

O bon Père, je ne finirai point mon discours sans envoyer à votre cœur vénéré mon humble prière à travers les espaces. Aujourd'hui, un immense concert de supplications s'élève vers vous de la Lorraine et de la Franche-Comté : supplications des chanoines réguliers et des religieuses de Notre-Dame, qui vous aiment, vous bénissent et vous implorent plus que jamais ; supplications de la ville hospitalière où votre culte refleurit, et spécialement de vos filles bien-aimées qui là-bas sont la garde d'honneur de votre cœur ; supplications de votre chère paroisse de Mattaincourt qui, depuis bientôt trois siècles, vous conserve sa reconnaissance et son amour ; supplications enfin des nombreux pèlerins qui vont affluer à ce sanctuaire en ces jours de bénédiction. Que toutes ces prières, ô bon Père, deviennent les prières de votre cœur, et elles seront exaucées. Mais, dans cet immense concert, oh ! laissez-moi vous signaler deux notes plus accentuées, plus expressives et plus suppliantes. Tous ceux qui vous aiment vous demandent d'une voix unanime, aucun d'eux, j'en suis sûr, ne voudra me démentir, que nous puissions un jour, bientôt, oui bientôt, vous donner le titre de saint au lieu du titre de bienheureux. La gloire du ciel ne peut découronner ni la charité ni la puissance ; voilà pourquoi nous attendons de votre bonté, avec une confiance filiale, l'accomplissement des prodiges nécessaires à ce grand résultat. La gloire de Dieu, d'ailleurs, n'est-elle pas directement intéressée à cette faveur ? N'êtes-vous pas un des amis les plus dévoués de l'enfance, un des protecteurs les plus autorisés de l'éducation par les communautés religieuses ? Or, voyez en ce moment la crise qu'elle subit et les dangers qu'elle court. Autrefois, vous avez pleuré sur vos maisons dépeuplées et ruinées ; aujourd'hui, ce ne sont pas seulement vos filles qui sont menacées, mais les légions virginales répandues dans toute la France. Vous avez connu les douleurs de l'exil ; or, aujourd'hui, c'est Jésus lui-même que l'on veut exiler ; les âmes des enfants sont sa patrie de prédilection, et l'on prétend le chasser de ces âmes. Oh ! laissez-vous émouvoir en faveur de cette jeunesse que vous avez tant aimée. Là-haut, faites aussi une sainte croisade pour la cause sacrée de l'éducation, avec ses défenseurs naturels, saint Ignace, saint François de Sales, saint Vincent de Paul, le vénérable de Lassale et tant d'autres. Ne permettez pas que l'Eglise, cette épouse immaculée du Christ, cette mère pleine d'amour, soit privée de ses enfants, et que, nouvelle Rachel, elle ait à pleurer des pleurs inconsolables parce qu'ils lui ont été arrachés sans retour. Que nos cœurs, semblables au vôtre, soient à Dieu dans l'enfance, dans les travaux de la virilité et les défaillances de la vieillesse, et qu'à tous les points du temps et de l'espace nous puissions chanter ce cantique : *Deus cordis mei et pars mea Deus in æternum* : O Seigneur, vous êtes le Dieu de mon cœur et mon partage pour l'éternité.

Ainsi soit-il.

Vu et permis d'imprimer :

Saint-Dié, 29 juin 1879.

† MARIE-ALBERT,

Evêque de Saint-Dié.

BESANÇON, IMPRIMERIE DE J. JACQUIN.